Éloge du couple

22, rue Huyghens, 75014 Paris
dépôt légal : premier semestre 1998
n° d'édition : 11481/3
ISBN : 2 226 09085 1

Jacques Salomé

Éloge du couple

illustrations
Dominique de Mestral

Albin Michel

La vie d'un couple, si elle est parsemée d'étoiles et d'émerveillements, est aussi traversée de tempêtes et de détresses vécues dans l'imprévisible des jours. Au-delà de la rencontre amoureuse, illuminée jusqu'aux éblouissements des découvertes mutuelles, peut naître le projet d'un couple, dans le dépassement des premiers émois qui baignaient le ciel des étonnements, et dans l'énergie toute neuve des élans et des emportements. Mais cela suppose, chez l'un et chez l'autre, le désir d'un engagement dans la durée, avec, le plus souvent, la découverte de tâtonnements et d'errances inévitables dans la recherche d'un quotidien à construire ensemble. Quand se dévoilent les enjeux du partage d'une double intimité personnelle et d'une intimité commune plus réservée, les sentiments ne sont plus suffisants pour maintenir la vivance d'une relation. C'est la qualité de la communication verbale et non verbale qui nourrira l'amour, qui amplifiera les rêves et donnera aux désirs leur puissance et leur ampleur.

Nous le savons – même si parfois nous le nions –, les sentiments sont périssables, leur force est à la mesure même de leur vulnérabilité aux agressions ou à l'usure subtile des jours. Ils peuvent aussi se vivifier, s'épanouir aux rires des désirs. Ils peuvent s'approfondir aux partages des émotions et des ressentis. Ils peuvent s'enflammer avec l'abandon et la confiance déposés en offrande, et s'épanouir dans l'accueil et l'enthousiasme de l'autre. Tout couple est un espace de mutations infiniment fécondes. C'est un creuset de changements bouleversants, d'évolutions surprenantes dont aucun des protagonistes ne sort sans cicatrices ni révélations du pire et du meilleur de ses possibles.

Ce petit livre est né de ma gratitude aux femmes qui m'ont accompagné dans ces découvertes, et qui m'ont appris à respecter dans l'essentiel des jours et des nuits le cadeau inespéré d'une vie ouverte à la liberté d'être ensemble.

Jacques Salomé

Dans une relation
amoureuse,
il faut être vraiment
prêt à tout.
Un bonheur est
si vite arrivé !

Il faut du temps, beaucoup de temps,
pour créer une intimité harmonieuse.

Il faut beaucoup de temps et d'amour pour respecter l'intimité parfois proche de l'autre, et quelquefois plus lointaine.

L'intimité, c'est de pouvoir déposer des rêves
et des projets dans les possibles de l'autre...
avec l'espoir d'en réaliser quelques-uns ensemble.

**Vivre en couple dans
la durée, c'est apprendre
à créer et à vivre
une intimité personnelle
(reconnue par l'autre)
et une intimité commune
(respectée par chacun).**

Trouver la bonne distance,
la bonne longueur d'ondes,
entre intimité personnelle
et intimité partagée, voilà
l'une des clés de la réussite d'un couple.

L'harmonie n'est pas
de tout faire ensemble
mais de pouvoir partager
ensemble un maximum...
en osant vivre aussi...
en dehors de la proximité
immédiate de l'autre.

Rainer Maria Rilke dit, dans les « Lettres à un jeune poète » :
« L'amour est difficile... l'amour d'un être humain pour un autre, c'est peut-être l'épreuve la plus difficile pour chacun de nous... »
Ce n'est pas l'amour qui est difficile ou douloureux, c'est la relation.
Il appartient à chacun d'avoir l'honnêteté de s'interroger sur la relation qu'il propose, celle qu'il accepte ou subit... venant de l'autre. L'épreuve la plus terrible est de découvrir notre incapacité à nous aimer.

Quand l'amour de soi est absent, nous n'avons pas d'autre ressource que celle d'imposer notre besoin d'être aimé, que celle de laisser croire à l'autre en notre amour... pour obtenir son attachement.
L'amour est un cadeau que nous ne savons pas toujours recevoir ou donner.

Pour passer de la fusion à l'alliance,
il faut s'interroger sur la relation.
Il ne s'agit pas de savoir ce qui te convient
ou ce qui me convient !
Il s'agit de savoir si cela fait du bien
ou non à notre relation.

ET PARFOIS AUSSI CE DÉSIR
TERRIBLE ET DÉLICIEUX
DE FAIRE PAYER CELUI OU CELLE
QUI VEUT NOUS AIMER.

Si j'accepte de traverser les trois états
de la vie de couple –
la fusion (nous, on),
la différenciation (je + je),
la confrontation (l'autre, moi
et la relation qu'il y a entre nous...) –,
alors, j'ai quelques chances de rester
dans une relation vivante
avec l'autre et avec moi-même.

**Nous portons tous
en nous, longtemps,
longtemps, la nostalgie
du temps rond et lumineux
des premières rencontres.**

L'amour
se présente
trop souvent
comme
un prématuré
que nous
voulons lancer
dans la vie
sans lui avoir
permis
de grandir
encore un peu
en nous,
sans lui avoir
donné
les moyens
de vivre dans
la liberté
d'être.

Le plus difficile
dans la vie d'un couple,
c'est d'oser vivre
pleinement à trois.
Toi, moi et la relation qui nous

relie et nous magnifie.

Quand je sais me définir,
me différencier de toi...
et oser te dire « non ! »
je commence à me respecter.

Quand je sors de la peur
d'être rejeté
ou d'être abandonné,
je peux lâcher le sentiment
insupportable que
c'est moi le mauvais
(ou la mauvaise).

Quand je ne peux pas
m'ajuster à tes désirs,
tu peux éventuellement
t'ajuster à mes possibles.

Ne pensez pas à sa place
que votre partenaire
n'a pas d'humour ;
donnez-lui plus souvent
des occasions de sourire
et de rire !

Pour toi, pour moi, l'amour est-il associé à la souffrance, à l'abandon, à la détresse... et donc à la captation, à la possessivité, à la peur de perdre ?

Ou l'amour est-il au contraire
un terreau pour un mieux-être et un bien-être,
un ferment à la joyeuseté, à l'amplification des
possibles, au plaisir ?
Mon amour et le tien peuvent-ils s'appuyer sur
l'interdépendance, sur la confrontation et sur
le partage créatif... dans une relation proche ?

CE QUI CARACTÉRISE UNE VIE DE COUPLE,
C'EST UN ENGAGEMENT SEXUEL MUTUEL.

Un homme qui tient
le sein d'une femme
dans sa paume,
tient un peu
de l'éternité du monde
entre ses mains.
Et une femme qui tient
le sexe d'un homme
contre son sein,
tient un peu
de la gravité du monde,
entre ses mains.

Vivre en couple,
– c'est aussi apprendre à négocier sans cesse... avec soi-même
– c'est apprendre à vivre des sentiments multiples et parfois antagonistes.
« Je peux ainsi t'aimer et te détester ou me blesser sans cesse à la relation que tu me proposes et que, cependant, j'accepte. »
« Je peux me sentir aimé et éprouver le sentiment que mon amour à moi, n'est pas reçu... par toi. »
« Je peux découvrir que ce n'est pas avec toi que je veux combler mon besoin d'échange et de partage. »

Dans un couple,
apprendre
à communiquer
au présent,
c'est surtout
apprendre à mieux
se différencier
ou à se séparer,
non seulement
des relations passées
mais aussi
de certaines
de nos croyances.

Accepter de vivre en couple, c'est aussi oser confronter nos propres croyances à des croyances si différentes chez l'autre, qu'elles nous paraissent parfois comme des trahisons... surtout si nous les avions perçues au début de la relation comme semblables.

Quelle est ma mythologie de l'amour
et quelle est la sienne...
aujourd'hui ?

La souffrerrance
inépuisable
de l'attente...
d'un mouvement
de l'autre vers moi.

Et cette solitude
épuisante,
désespérante,
d'être seul ou seule
à avoir un désir.

Je peux en vain accuser ou mettre l'autre en cause durant des années...

– si je n'accepte pas d'entendre ce qui est touché en moi, par son comportement ;

– si je n'accepte pas de reconnaître en moi ce qui est réveillé, ce qui est maintenu ainsi en souffrance ;

– si je ne reconnais pas quelle blessure plus ancienne que celle ressentie aujourd'hui a été réveillée, réactivée, par cet autre si proche.

Et cela, quoi qu'il ait fait, dit,
pas fait ou pas dit !

La haine est souvent le trop-plein
du ressentiment lié à de l'amour
refoulé, blessé ou inemployé.
Je ne dois cependant pas oublier
que moi seul entretiens et produis
les ressentiments, les rancœurs,
les violences qui m'habitent.

Personne d'autre que moi...
ne les crée en moi.

La naissance d'un enfant réactive en nous
le sentiment toujours latent et jamais totalement
résorbé de la toute-puissance infantile.
Ainsi, il nous arrivera d'avoir des exigences
puériles, excessives, impérieuses... sur l'autre.

Quand le désir du désir de l'autre nous égare
et nous éloigne d'un plaisir commun,
commence le terrorisme relationnel.

N'allez à la rencontre
de l'amour que pour
découvrir le meilleur
de l'autre et de vous-même.
Pouvez-vous, sur ces bases,
ouvrir un contrat
de bien-être relationnel,
avec lui ou avec elle ?

La véritable intimité est celle qui permet
de rêver ensemble avec des rêves différents.

Il n'y a pas d'autre loi, entre deux êtres qui s'aiment, que leur volonté actuelle d'être ensemble.
Au-delà de l'engagement qui est fondé sur une intentionnalité, le lien sera créé par la capacité de s'allier... avec l'autre.
Un lien entre deux êtres est par essence précaire. Il peut être menacé, maltraité, fatigué ou au contraire nourri, entretenu ou embelli. Il peut être aussi dénoncé... car sans objet.
Un lien doit être entretenu chaque jour, par une interrogation ou une confirmation mutuelle du sentiment et du projet vers l'autre.

Les mots sont nécessaires,
mais ils ne sont jamais
assez forts pour donner
tout son sens à l'amour.

Il faut beaucoup d'enthousiasme
et une patience ardente
pour se donner et recevoir
dans un même élan,
et au-delà encore,
créer des partages vivants
pour un engagement de durée.

L'AMOUR EST MOUVEMENT.
QUAND IL S'IMMOBILISE,
IL AGONISE SANS MÊME LE SAVOIR.

Aller plus loin avec l'autre,
c'est aller plus près,
au plus près
sans perdre l'équilibre
à trop vouloir
étreindre sa liberté bleutée.

L'essentiel dans la vie d'un couple est dans l'alliance respectueuse et toujours réactualisée de deux libertés.

SI, DANS UNE RELATION PROCHE,
VOUS N'ENTENDEZ PAS
LE SOUPIR D'UNE TENSION
OU LE MURMURE D'UN CONFLIT...
C'EST QU'IL MANQUE LA
RESPIRATION DE LA LIBERTÉ.

Le plus terrible
dans une séparation
avec un être aimé
ou proche...
c'est de ne plus pouvoir
rêver ensemble.

**La vie de couple nous propose un temps
et un espace des plus extraordinaires
de mutation et de changement personnel.
La difficulté réside dans le fait que ces mutations
et ces changements ne se font pas
au même moment... ni aux mêmes rythmes...
ni dans la même direction.**

Ce sont les petits bonheurs
fragiles du quotidien
qui ont le plus besoin
d'être accueillis.
Si nous savons les recevoir,
ils sauront nous préserver
du désamour.
Si nous savons les engranger,
ils nous permettront
de construire
le présent pour mieux
vieillir ensemble.

Le plus beau des cadeaux
que quelqu'un
puisse vous faire
n'est pas de vous aimer,
mais de vous apprendre
à vous aimer.

S'il existe, de par l'univers,
un seul être dont tu peux dire
« je bénis ce matin du monde
qui a offert à ton existence et à ma vie
de se rencontrer »,
alors c'est que tu as commencé à t'aimer.
C'est la source de tout amour
d'avoir rencontré celui ou celle
qui nous a autorisé à nous respecter.

Nous remarquons rarement
que nous vivons
au milieu de l'extraordinaire.
Que le merveilleux
est un des aspects les plus
familiers de la réalité.
Qu'il y a, dans l'infinie
patience des jours,
la sève ardente de l'amour
déposé à l'origine
de toute vie.

DU MÊME AUTEUR

AUX ÉDITIONS ALBIN MICHEL :

Papa, Maman, écoutez-moi vraiment.
À l'écoute des langages du corps et de l'imaginaire chez nos enfants, 1989

Je m'appelle toi, roman, 1990

T'es toi quand tu parles.
Jalons pour une grammaire relationnelle, 1991

Bonjour tendresse. Une pensée par jour, 1992

Contes à guérir, contes à grandir. Une approche symbolique pour l'écoute des maux, 1993

L'Enfant Bouddha (illustrations de Cosey).
Retrouver l'enfance d'un maître, 1993

Heureux qui communique.
Pour oser se dire et être entendu, 1993

Tarot relationnel. Communiquer en jouant, plutôt que jouer à communiquer, 1994

Paroles d'amour, poésies amoureuses, 1995

Charte de vie relationnelle.
Pour mieux communiquer à l'école, 1995

Communiquer pour vivre. La sève de la vie, 1995

C'est comme ça, ne discute pas ! ou les 36000 façons de ne pas communiquer avec son enfant, 1996

En amour... l'avenir vient de loin.
Poétique amoureuse, 1996

Tous les matins de l'amour. Roman, 1997

Pour ne plus vivre sur la planète Taire.
Apprendre à communiquer avec la méthode ESPERE, 1997

CHEZ D'AUTRES ÉDITEURS :

Supervision et formation de l'éducateur spécialisé, éd. Privat, 1972 (épuisé)

Parle-moi, j'ai des choses à te dire, éd. de l'Homme, 1982

Les Mémoires de l'oubli (en collaboration avec Sylvie Galland), éd. Jouvence, 1989

Si je m'écoutais... je m'entendrais (en collaboration avec Sylvie Galland), éd. de l'Homme, 1990

Aimer et se le dire (en collaboration avec Sylvie Galland), éd. de l'Homme, 1993

Je t'appelle tendresse, éd. L'Espace Bleu, 1984

Relation d'aide et formation à l'entretien, Presses Universitaires de Lille, 1987

Apprivoiser la tendresse, éd. Jouvence, 1988

Jamais seuls ensemble, éd. de l'Homme, 1995

Jacques Salomé, père de cinq enfants, est originaire de Toulouse. Diplômé en psychiatrie sociale de l'École des Hautes Études en Sciences Sociales, il a écrit plus de vingt ouvrages sur la communication et ses livres sont traduits en dix-sept langues. Ses interventions et ses propositions s'adressent à toute personne désireuse de changer et de dynamiser sa vie en l'ouvrant à des échanges plus vrais, plus pleins, et surtout plus chargés de sens. Jacques Salomé est aussi un poète qui, dans une langue riche et dense, nous parle de tendresse et d'amour. Il nous invite à traverser les malentendus et les souffrances, pour oser agrandir les possibles de l'existence, dans le respect de soi et de l'autre.

Dominique de Mestral est graphiste. D'origine anglo-suisse, elle vit et travaille à Lausanne. Spécialiste en images de marques, elle est la créatrice de Logo Lifting, une démarche très appréciée aujourd'hui dans le monde de l'entreprise, par les concepteurs mais aussi par les particuliers. Elle a collaboré à de nombreux ouvrages de Jacques Salomé dont *Contes à guérir, contes à grandir, Bonjour tendresse, C'est comme ça ne discute pas,* parus chez Albin Michel. Sa sensibilité, son regard et son attentivité aux êtres en font une remarquable interprète des symboles et des métaphores au présent de la vie.

Imprimé en France par Pollina, 85400 Luçon - n° 74270